Animales del desierto

Fauna del bioma

Rourke

De Lisa Colozza Cocca
y Santiago Ochoa

ANTES Y DURANTE LAS ACTIVIDADES DE LECTURA

Antes de la lectura: *Desarrollo del conocimiento del contexto y el vocabulario*

Construir el conocimiento del contexto puede ayudar a los niños a procesar la información nueva y a usar la que ya conocen. Antes de leer un libro, es importante utilizar lo que ya saben los niños acerca del tema. Esto los ayudará a desarrollar su vocabulario e incrementar su comprensión de la lectura.

Preguntas y actividades para desarrollar el conocimiento del contexto:

1. Ve la portada del libro y lee el título. ¿De qué crees que trata este libro?
2. ¿Qué sabes de este tema?
3. Hojea el libro y echa un vistazo a las páginas. Ve el índice, las fotografías, los pies de foto y las palabras en negritas. ¿Estas características del texto te dan información o ayudan a hacer predicciones acerca de lo que leerás en este libro?

Vocabulario: *El vocabulario es la clave para la comprensión de la lectura*

Use las siguientes instrucciones para iniciar una conversación acerca de cada palabra.

- Lee las palabras del vocabulario.
- ¿Qué te viene a la mente cuando ves cada palabra?
- ¿Qué crees que significa cada palabra?

Palabras del vocabulario:
- adaptación
- depredadores
- dunas
- glándulas
- madrigueras
- nocturnos
- precipitación
- presa
- rocío
- sensibilidad

Durante la lectura: *Leer para entender y conocer los significados*

Para lograr una comprensión profunda de un libro, se anima a los niños a que usen estrategias de lectura detallada. Durante la lectura, es importante hacer que los niños se detengan y establezcan conexiones. Esas conexiones darán como resultado un análisis y entendimiento más profundos de un libro.

 ## Lectura detallada de un texto

Durante la lectura, pida a los niños que se detengan y hablen acerca de lo siguiente:
- Partes que sean confusas.
- Palabras que no conozcan.
- Conexiones texto a texto, texto a ti mismo, texto al mundo.
- La idea principal de cada capítulo o encabezado.

Anime a los niños a usar las pistas del contexto para determinar el significado de las palabras que no conozcan. Estas estrategias los ayudarán a aprender a analizar el texto más minuciosamente mientras leen.

Cuando termine de leer este libro, vaya a la penúltima página para ver las **Preguntas relacionadas con el contenido** y una **Actividad de extensión**.

Índice

Biomas

Un bioma es una gran región de la Tierra con seres vivos que se han adaptado a las condiciones de esa región.

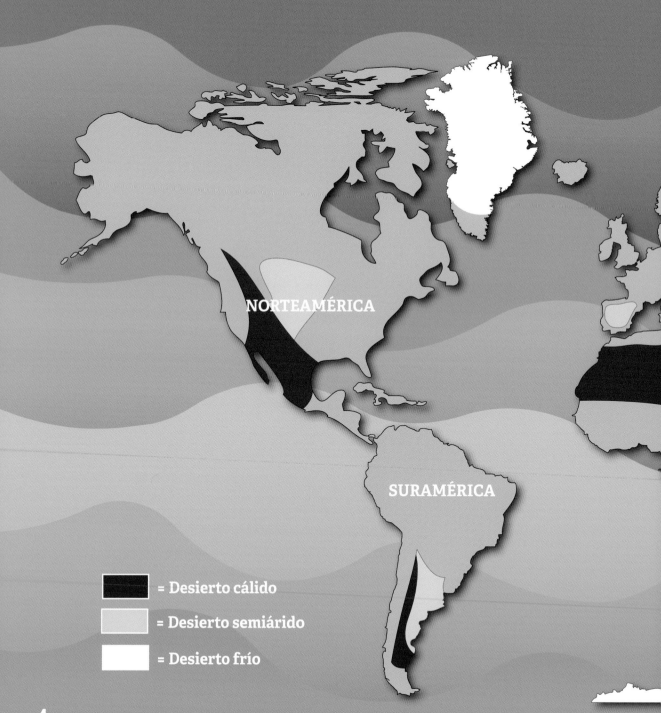

NORTEAMÉRICA

SURAMÉRICA

■ = Desierto cálido

▨ = Desierto semiárido

□ = Desierto frío

Los biomas desérticos reciben menos de 20 pulgadas
(51 centímetros) de **precipitación** al año. Hay desiertos
cálidos, desiertos semiáridos y desiertos fríos. Los desiertos
cercanos a los océanos son desiertos costeros.

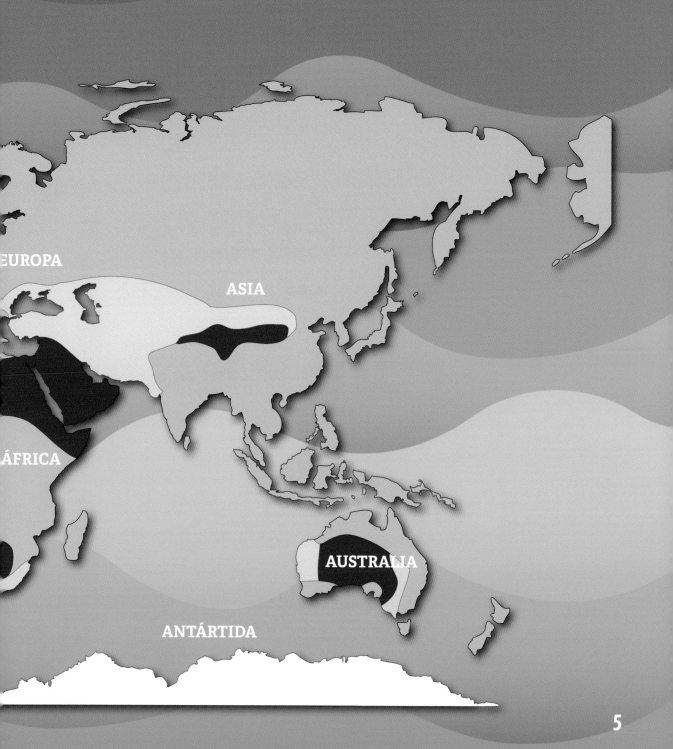

EUROPA

ASIA

ÁFRICA

AUSTRALIA

ANTÁRTIDA

Desiertos cálidos

Hay desiertos cálidos en el norte de África, el suroeste de Estados Unidos, México y Australia. El otoño, el invierno y la primavera son cálidos. El verano es caluroso. Las temperaturas a veces alcanzan los 114 grados Fahrenheit (46 grados Celsius).

Estos desiertos suelen recibir menos de 12 pulgadas (30.5 centímetros) de lluvia al año. Allí crecen arbustos, árboles leñosos y cactus que se aferran al suelo.

¿Sabías que?

El diablo espinoso vive en el caluroso desierto. Tiene ranuras entre sus escamas, que recogen las gotas de **rocío** por la noche. El agua corre por las ranuras y llega a la boca del lagarto.

La cascabel cornuda es una de las muchas serpientes que viven en los desiertos cálidos. Algunos científicos creen que las escamas sobre sus ojos podrían ser una **adaptación** para protegerlas de la arena.

La cascabel cornuda
se desplaza de lado.
Se mueve lanzando
su cuerpo en bucles
y hacia adelante.
Solo dos puntos
de su cuerpo están
en contacto con la
arena caliente al
mismo tiempo.

La mayoría de los mamíferos aquí son **nocturnos**, incluido el zorro feneco. Es el tipo de zorro más pequeño. Sus grandes orejas desprenden calor de su cuerpo. Su largo y espeso pelo dorado le cubre hasta la planta de los pies. El pelo mantiene al zorro caliente por la noche y protege sus pies de la arena caliente.

¿Sabías que?

La rata canguro vive en el caluroso desierto. Obtiene agua de las semillas que come. No tiene **glándulas** sudoríparas, por lo que la pérdida de agua es escasa.

Varios tipos de aves, como los correcaminos grandes,
se han adaptado al caluroso desierto. Los correcaminos
grandes pueden volar, pero son mejores corriendo. Obtienen
agua de los alimentos que comen, como insectos, lagartos
y roedores. Sus cuerpos reabsorben el agua, en lugar de
expulsarla. Unas glándulas nasales especiales eliminan el
exceso de sal y frenan la pérdida de agua.

Desiertos semiáridos

Los desiertos semiáridos tienen veranos largos y secos que son entre cálidos y calurosos. Estos desiertos suelen recibir más precipitaciones que los desiertos cálidos. Aquí crecen arbustos bajos, matorrales y salvia.

¿Sabías que?

El cielo del desierto semiárido puede estar muy concurrido. Diversas aves, desde pequeños colibríes hasta grandes buitres, viven aquí. Insectos como las abejas y las moscas también forman parte de este bioma.

¿Sabías que?

La tortuga del desierto solo está activa en épocas de lluvia. Tiene una vejiga extragrande que puede almacenar el 40 por ciento del peso de la tortuga en agua.

La chacahuala, como todos los reptiles, es de sangre fría. Su temperatura corporal cambia con la temperatura del aire que la rodea. El desierto se enfría por la noche. La chacahuala se mueve muy lentamente cuando hace frío. Los **depredadores** pueden atraparla fácilmente, por lo que este lagarto se esconde entre las rocas por la noche. Durante el día, permanece bajo el Sol caliente hasta que su cuerpo se calienta.

Aquí, muchos mamíferos, como el zorrillo, evitan el calor del día permaneciendo en **madrigueras** subterráneas. Otros, como la liebre, permanecen en la superficie. Las liebres tienen pelo en las plantas de los pies para protegerse de la arena caliente. Descansan bajo los arbustos durante las horas más calurosas del día.

¿Sabías que?

Si la temperatura del aire alcanza los 104 grados Fahrenheit (40 grados Celsius), el flujo sanguíneo en las orejas de la liebre se hace más lento. Entonces colocan las orejas sobre la cabeza. Esto evita que la liebre se sobrecaliente.

En este bioma también viven muchos escorpiones y arañas. La araña lobo bicolor se mimetiza con la arena, en la que escarba durante el día. Su excelente visión nocturna le ayuda a cazar en la oscuridad. Su alta **sensibilidad** a las vibraciones del suelo ayuda a que la araña no sea la cena de otro animal.

Desiertos costeros

Los desiertos costeros tienen inviernos frescos y veranos cálidos. Reciben un promedio de entre tres a cinco pulgadas (8 a 13 centímetros) de lluvia al año. Aquí crecen arbustos, matorrales y plantas de arroz.

Muchas serpientes viven en los desiertos costeros, incluida la víbora de Peringuey. La mayoría de las serpientes tienen los ojos a los lados de la cabeza, pero los de esta víbora están en la parte superior. Cuando la serpiente entierra su cuerpo en la arena, aún puede ver gracias a la ubicación de sus ojos. Puede atrapar y comerse un lagarto sin que este la vea.

¿Sabías que?

Los desiertos costeros albergan más de 60 tipos de lagartos.

Muchos mamíferos de las sabanas se han adaptado a la vida en los desiertos costeros. Los elefantes de los desiertos costeros tienen cuerpos más pequeños, patas más largas y pies más anchos que los elefantes de las sabanas. Estas adaptaciones ayudan a los elefantes a cruzar el desierto y trepar por las **dunas** para llegar a un abrevadero.

Otra adaptación es que allí los elefantes andan en pequeños grupos y no en grandes manadas. De este modo, menos animales comparten el agua.

¿Sabías que?

Los elefantes recuerdan la ubicación de los pozos de agua. Si el agujero está seco, el elefante excava en la arena en busca de agua. Si no encuentra agua, caminará varias millas hasta el siguiente agujero.

escarabajo oscuro

Pocos insectos viven en este bioma. Sin embargo, el
escarabajo oscuro se ha adaptado a las condiciones del
desierto costero. El escarabajo sube a la cima de una
duna de arena al amanecer y se para de cabeza. Sus alas
recogen las gotas de rocío que llegan del océano. El rocío
desciende por las alas y llega a la boca del escarabajo.

Las ranas y los sapos necesitan humedad para reproducirse. Algunos sapos de los desiertos costeros producen una sustancia gelatinosa que sella su madriguera durante la época de sequía. Permanecen en su interior de ocho a nueve meses hasta que cae una lluvia fuerte. Entonces, se trasladan a un pozo de agua, donde ponen sus huevos. El ciclo vital del sapo del desierto costero es corto. Pasa por todas las etapas de crecimiento antes de que el agua se seque.

sapo del desierto

En los desiertos costeros viven búhos, águilas y buitres.
Obtienen agua de los alimentos que consumen.

Los pingüinos de Humboldt anidan en el desierto costero de Suramérica. Los pingüinos toman agua salada y comen peces del océano. A diferencia de los pingüinos de clima frío, estas aves no están completamente cubiertas de plumas. Tienen manchas rosas de piel alrededor de los ojos y un pico que liberan el calor de su cuerpo.

Desiertos fríos

Los desiertos fríos tienen inviernos largos y helados, y veranos cortos y fríos. Las precipitaciones se producen en forma de nieve. La Antártida es un desierto frío. Aproximadamente el 98 por ciento está cubierto de hielo. En este bioma no hay árboles, arbustos ni animales de sangre fría.

lobo ártico

¿Sabías que?

Como la mayoría de los mamíferos de los desiertos fríos, el lobo ártico tiene dos capas de pelo. También tiene patas acolchadas que le ayudan a moverse por el suelo helado.

El cálido y grueso pelaje del zorro ártico es blanco en invierno y café en verano. Sus orejas cortas y anchas, orientadas hacia adelante, le proporcionan un excelente oído. El zorro puede oír a su **presa** moverse bajo la nieve. Salta en el aire y se abalanza sobre la nieve y la presa.

zorro ártico

En la Antártida hay unos 46 tipos de aves. Todas tienen plumas impermeables con una segunda capa de plumas por debajo. La mayoría de ellas pasan solo una parte del año en este bioma.

Los pingüinos emperador pasan unos cuatro meses del año anidando en el frío desierto. Durante este tiempo, se adentran en el océano en busca de comida y agua.

Son el tipo de pingüino más grande. Tienen mucha grasa corporal y varias capas de plumas. Su tamaño, su grasa y sus plumas les ayudan a mantenerse calientes. Los pingüinos emperador también son sociales y se acurrucan para mantenerse calientes.

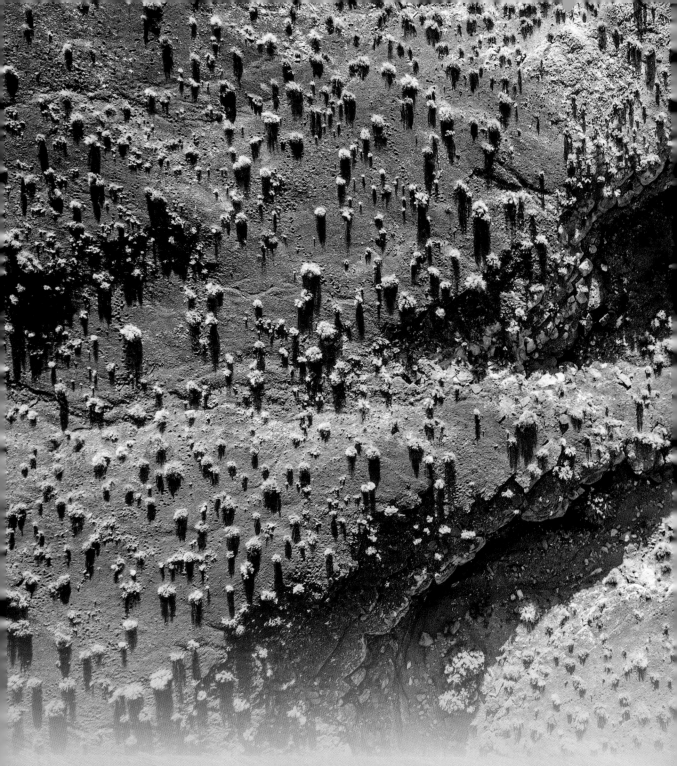

Los biomas desérticos pueden ser cálidos, semiáridos, costeros o fríos. Tienen pocas precipitaciones. Muchos animales se han adaptado a las condiciones extremas de estos biomas.

ACTIVIDAD:
¿Sirve de algo la adaptación?

Muchos de los animales de este libro han desarrollado adaptaciones especiales que les permiten vivir en el bioma. ¿Qué pasaría si los trasladaran a un bioma diferente? ¿Esas antiguas adaptaciones harían que los animales se adaptaran bien a su nuevo bioma, o tendrían que volver a adaptarse?

Qué necesitas

- papel
- lápiz
- marcadores o crayones

Instrucciones

1. Elige un animal de uno de los biomas desérticos de este libro.
2. Piensa en qué adaptaciones ayudan a ese animal a sobrevivir en ese bioma.
3. Elige un bioma diferente, como un pastizal, un bosque o un océano.
4. Haz un dibujo del animal que elegiste, tal y como se vería en el nuevo bioma. ¿Qué adaptaciones tendría que hacer?
5. Etiqueta las nuevas adaptaciones en tu dibujo.

Glosario

adaptación: Cambio que experimenta un ser vivo y que le permite adaptarse mejor a su entorno.

depredadores: Animales que cazan a otros para alimentarse.

dunas: Colinas que se forman cuando el viento o las mareas acumulan arena en una zona.

glándulas: Células, grupos de células u órganos que producen o liberan sustancias químicas naturales del cuerpo.

madrigueras: Túneles, agujeros o guaridas excavados bajo la superficie del suelo y que sirven de hogar a los animales.

nocturnos: Que están activos durante la noche.

precipitación: Agua que cae de las nubes en forma de lluvia, nieve, aguanieve o granizo.

presa: Animal que es cazado por otro para alimentarse.

rocío: Pequeñas gotas de agua que se forman durante la noche y se acumulan en las superficies exteriores.

sensibilidad: Conciencia aguda del cambio o del movimiento.

Índice alfabético

Preguntas relacionadas con el contenido

1. ¿Cuáles son los cuatro tipos de biomas desérticos?

2. Describe cómo se desplaza la cascabel cornuda.

3. ¿Por qué la vida en los desiertos semiáridos es un reto para los reptiles?

4. ¿En qué se diferencian los elefantes de los desiertos costeros de los de las sabanas?

5. Compara y contrasta los pingüinos de Humboldt con los pingüinos emperador.

Actividad de extensión

Busca y lee varios poemas sobre la vida en el desierto. Observa el tipo de detalles que incluyen. A continuación, escribe un poema sobre uno o varios de los biomas de desierto basándote en lo que aprendiste en este libro. Ilustra el poema.

Acerca de la autora

Desde que tiene uso de razón, a Lisa Colozza Cocca le gusta leer y aprender cosas nuevas. Vive en Nueva Jersey, junto a la costa, y le encanta sentir la arena en los dedos de los pies. Puedes aprender más sobre Lisa y su trabajo en www.lisacolozzacocca.com (página en inglés).

www.rourkebooks.com

PHOTO CREDITS: Cover & Title Pg ©Lisay, ©Schroptschop, ©NNehring, ©Jay Iwasaki; Pg 3, 10, 11, 14, 16, 20, 24, 28, 30, 32 ©Pobytov; Pg 5 ©ttsz, ©CarlaNichiata; Pg 6 ©JanelleLugge, ©tonda; Pg 7 ©Mark Kostich; Pg 8 ©acceptfoto; Pg 9 ©Nicholas Taffs, ©Saddako; Pg 10 ©SweetyMommy; Pg 11 ©Kenneth Canning, ©helovi; Pg 12 ©estivillml, ©abishome; Pg 14 ©SteveByland; Pg 15 ©KevinDyer; Pg 16 ©David Havel, ©Maurizio Lanini; Pg 18 ©JurgaR; Pg 20 ©NaniP; Pg 21 ©Bernhard Richter; Pg 22 ©Png-Studio; Pg 24 ©Tony Campbell, ©LeFion; Pg 26 ©VargaJones; Pg 28 ©marekuliasz;

Editado por: Laura Malay
Diseño de la tapa e interior: Kathy Walsh
Traducción: Santiago Ochoa

Library of Congress PCN Data

Animales del desierto / Lisa Colozza Cocca
(Fauna del bioma)
  ISBN 978-1-73165-462-5 (hard cover)
  ISBN 978-1-73165-513-4 (soft cover)
  ISBN 978-1-73165-546-2 (e-book)
  ISBN 978-1-73165-579-0 (e-pub)
Library of Congress Control Number: 2022941034

Rourke Educational Media
Printed in the United States of America
01-0372311937